Martina Gorgas

Unser Garten

Mit Illustrationen von
Jutta Knipping

cbj ist der Kinder- und Jugendbuchverlag
in der Verlagsgruppe Random House

*Unser herzlicher Dank gilt allen, die uns bei der Beantwortung der Fragen unterstützt haben:
Christina Freiberg, Bärbel Kupec und vor allem der Redaktion der »Sendung mit der Maus«,
insbesondere Dörte Hanke.*

Verlagsgruppe Random House FSC-DEU-0100
Das für dieses Buch verwendete FSC®-zertifizierte Papier
Profibulk liefert Sappi, Alfeld.

Gesetzt nach den Regeln der Rechtschreibreform

1. Auflage 2012
© 2012 cbj, München
© I. Schmitt-Menzel / WDR mediagroup licensing GmbH
Die Sendung mit der Maus ® WDR
Alle Rechte vorbehalten
Lektorat: Ulrike Hauswaldt
Redaktion: Anette Weiß
Bildredaktion: Martina Fuchs
Umschlagbild und Innenillustrationen: Jutta Knipping
Umschlagkonzeption: Init. büro für gestaltung, Bielefeld
Bildnachweis für Innenfotos: iStockphoto: AndrewJohnson (46), digital_eye (53),
Gala_Kan (45), Ornitolog82 (30); Flora Press: Botanical Images (14); Fotolia: Art_man (26)
Mausillustrationen: Ina Mertens
AW · Herstellung: Antonia Grüschow
Layout und Satz: Sabine Hüttenkofer, Großdingharting
Reproduktion: Wahl Media GmbH, München
Gesamtherstellung: PrintConsult GmbH, München
ISBN 978-3-570-13842-7
Printed in Slovac Republic

www.cbj-verlag.de

Inhalt

* Alle Begriffe, die im Text farbig hervorgehoben sind, werden im Mauslexikon erklärt.

Woher hat **das Schneeglöckchen** seinen Namen?

enn ihr euch ein Schneeglöckchen aus der Nähe anschaut, erklärt sich der Name fast von selbst: Der Namensteil »Schnee« kommt daher, dass die Blüte weiß wie Schnee ist. »Glöckchen« heißt es, weil die Form der Blüte an ein Glöckchen erinnert.

Eine andere, nicht weniger logische Erklärung für diesen Namen ist die, dass das Schneeglöckchen der erste Frühlingsbote ist: Es blüht nämlich schon Ende Januar/Anfang Februar, wenn noch Schnee liegt, und ist damit eine der ersten Blumen im Garten. Jetzt fragen wir uns natürlich, warum das so ist. Warum kann das Schneeglöckchen im Schnee überleben, während andere Blumen erfrieren würden?

Es klingt verrückt, ist aber wahr: Das Schneeglöckchen hat eine Art innere Heizung. Die Nährstoffe, die in seiner Zwiebel gespeichert sind, erzeugen Energie in Form von Wärme. Diese Wärme strahlt nach oben in die Stängel und Blätter aus. Das lässt sich gut beobachten, wenn das Schneeglöckchen im Schnee steht: Dieser ist immer wenige Millimeter um die Pflanze herum geschmolzen. Die Folge ist, dass sie genug Wasser bekommt und wachsen kann.

Etwa gleichzeitig mit den Schneeglöckchen blühen die gelben Winterlinge, und danach explodiert der Garten geradezu: Im März, wenn die Sonne mehr Kraft hat, blühen Krokusse, Märzenbecher, Narzissen, Traubenhyazinthen und Huflattich.

Schneeglöckchen und andere Blumen, die der Kälte trotzen und früh im Jahr blühen, nennt man Frühblüher. Das Besondere an ihnen ist, dass sie vor dem Winter eine Art unterirdischen Vorratsspeicher anlegen – in ihrer Zwiebel oder Wurzel.

Schneeglöckchen enthalten verschiedene Giftstoffe. Deshalb darf man sie auf keinen Fall essen.

Winterling
Blütezeit: **Februar, März, April**

Schneeglöckchen
Blütezeit: **Februar, März**

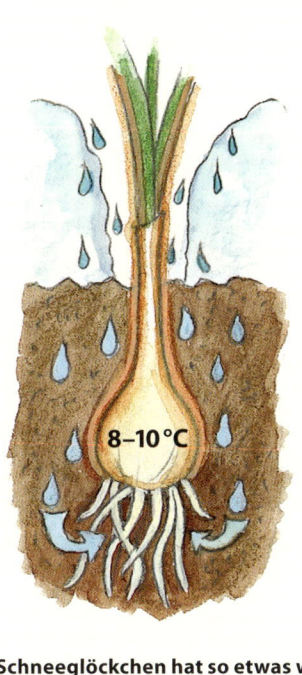

8–10 °C

Das Schneeglöckchen hat so etwas wie eine innere Heizung: Dadurch schmilzt der Schnee rund um die Blume, und sie bekommt genug Wasser, um zu wachsen.

Die Nährstoffe, die dort gesammelt werden, sorgen dafür, dass die Blumen so früh im Jahr blühen können. Das frühe Blühen hat einen Vorteil für die Blumen: Sie bekommen viel mehr Sonnenlicht. Weil Bäume und Sträucher noch keine Blätter haben, können sie keinen Schatten auf die Frühblüher werfen.

Märzenbecher
Blütezeit: **Februar, März, April**

Krokus
Blütezeit: **März, April**

Huflattich
Blütezeit: **März, April**

Hyazinthe
Blütezeit: **April, Mai**

Narzisse
Blütezeit: **März, April, Mai**

Wächst der Garten ganz von alleine?

Wir haben es ausprobiert und im frühen Sommer für einige Wochen nicht im Garten gearbeitet. Wir haben keinen Rasen gemäht, keine Rosen geschnitten und kein Unkraut gejätet. Stattdessen haben wir es uns öfter auf einem Liegestuhl gemütlich gemacht – und beobachtet, was im Garten passierte.

Die Tage und Wochen vergingen. Häufig schien die Sonne und das Wetter war schön, manchmal regnete es oder es gab Gewitter. Was passierte in dieser Zeit in unserem Garten? Wuchs er von alleine weiter? Die Antwort war ein klares Ja!

Nach vier Wochen sah unser Garten schon ganz schön verwildert aus, der Rasen war kräftig gewachsen, zwischendrin und auf den Beeten wucherte Unkraut. Die Tulpen waren verblüht und hatten ihre Blüten abgeworfen, Dahlien und Lilien standen dagegen in voller Blüte.

Weitere vier Wochen später stand das Gras schon so hoch, dass es uns mächtig an den Beinen kitzelte. In den Beeten sah es traurig aus: vertrocknete Blumenstängel, abgefallene Blütenblätter.

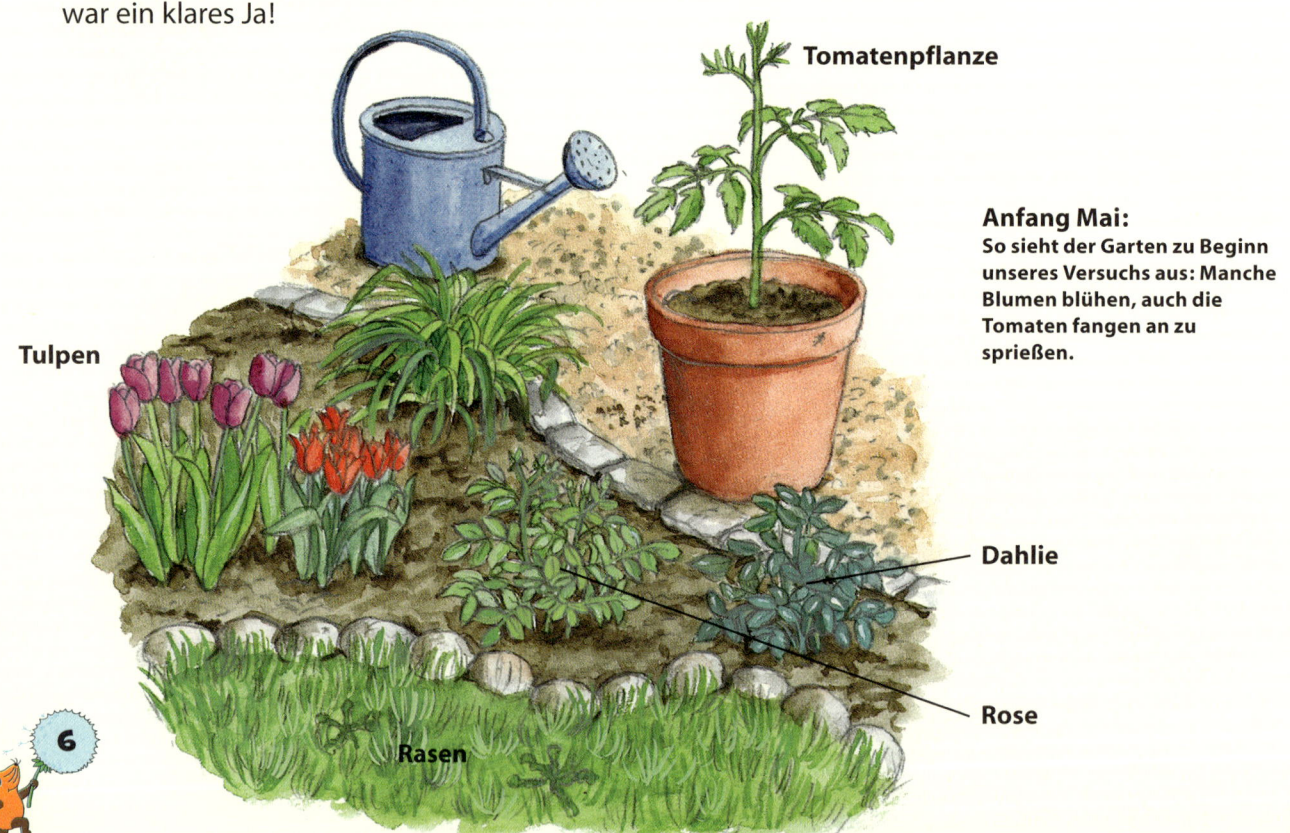

Tomatenpflanze

Anfang Mai:
So sieht der Garten zu Beginn unseres Versuchs aus: Manche Blumen blühen, auch die Tomaten fangen an zu sprießen.

Tulpen

Dahlie

Rose

Rasen

Die Tomatenpflanzen hatten die frühsommerlichen Temperaturen ohne Gießen nicht gut überstanden. Sie waren ausgetrocknet, manche hatten schrumpelige, winzige grüne Tomaten. Wir mussten also feststellen: Unser Garten wächst zwar ganz von alleine – aber nicht so, wie wir es wollen!

Damit Pflanzen wachsen und es ihnen gut geht, solltet ihr also ab und zu ein bisschen nachhelfen. Das fängt mit dem Pflanzen an: In einem neuen Garten oder Beet müsst ihr junge Pflänzchen einsetzen oder aus Samen selbst ziehen. Wenn ihr euch viele zwei- und mehrjährige Pflanzen aussucht, habt ihr im nächsten Jahr keine Arbeit damit. Ganz wichtig ist das Gießen, vor allem im Sommer.

Anfang Juli:
Nach acht Wochen macht unser Garten einen recht traurigen Eindruck – jetzt greifen wir besser zu Hacke, Spaten und Gießkanne und beenden unser Experiment.

Brennnessel

Anfang Juni:
Vier Wochen später ist der Rasen ein gutes Stück gewachsen, die Tulpen sind verblüht, dafür blühen jetzt andere Pflanzen.

Tomate

Lilie

Dahlie

Ohne Wasser können Pflanzen nicht überleben – sie vertrocknen. Und natürlich solltet ihr ernten, wenn im Obst- und Gemüsegarten etwas reif ist, egal ob Salat oder Beeren. Aber das ist ja mehr Spaß als Arbeit.

Dann gibt es da noch ein paar Gartenarbeiten, die zwar sinnvoll sind, aber nicht unbedingt nötig. Ob ihr Unkraut jätet und verblühte Blumen aus den Beeten entfernt, könnt ihr selbst entscheiden. Auch wie oft man den Rasen mäht, ist Geschmackssache.

Warum kommt der
Regenwurm bei Regen aus der Erde?

Das habt ihr bestimmt schon einmal beobachtet: Wenn es regnet, sieht man im Garten plötzlich Regenwürmer, die sonst unter der Erde leben. Wir wollten wissen: Warum ist das so? Mögen Regenwürmer den Regen so gerne? Oder was für Gründe haben sie sonst, nach oben zu kriechen?

Unglaublich, aber wahr: Sogar Forscher können diese Frage nicht wirklich beantworten. Es gibt mehrere Erklärungen, aber niemand weiß, welche richtig ist.

I. Der Regenwurm atmet über seine Haut: Er nimmt den Sauerstoff der Luft durch seine feuchte Haut auf. Bei starkem Regen wird es für den Regenwurm unter der Erde gefährlich. Wenn seine

Warum heißt der Regenwurm »Regenwurm?«

Auch der Ursprung des Namens Regenwurm ist nicht eindeutig. Wahrscheinlich heißt er so, weil er bei Regen an die Oberfläche kommt. Doch es gibt noch eine zweite Erklärung: Der Name geht auf die Zeit vor rund 400 Jahren zurück. Damals wurde der Regenwurm noch »reger Wurm« genannt, weil er sich so rege, also lebhaft, unter der Erde bewegt. Genau das macht ihn so nützlich für den Garten.

Regenwürmer leben in einem verzweigten Röhrensystem, das bis in 2 m Tiefe reicht. Die Würmer bauen die Röhren ständig weiter aus und legen neue Gänge an, indem sie sich durch die Erde bohren und fressen. So lockern sie den Boden im Garten auf, Regenwasser und Luft können leichter eindringen und Pflanzen besser wachsen.

Die Amsel kennt einen guten Trick, um Regenwürmer zu fangen: Sie trommelt mit den Beinen so lange auf dem Boden herum, bis ein Wurm herauskriecht. Dann packt sie ihn und zieht ihn aus dem Loch.

Wohnröhren voll Wasser laufen, bekommt er keine Luft mehr und erstickt. So weit Erklärung Nummer eins. Gegen sie spricht, was andere Forscher beobachtet haben: dass sich Regenwürmer bis zu 35 Stunden unter Wasser aufhalten können.

2. Eine Forschergruppe in Kanada vermutet, dass der Regenwurm das Geräusch der Regentropfen für das eines grabenden Maulwurfs hält. Aus Angst vor seinem größten Feind kriecht er bei Regen an die Oberfläche. Doch auch hier gibt es Zweifel:

Dort oben kann der Regenwurm von Vögeln gefressen werden. Welchen Sinn hat es, vor einem Feind zu fliehen und sich dem anderen auszuliefern?

3. Die dritte Erklärung klingt zwar sehr einfach, aber durchaus überzeugend: Der Regenwurm kann nur bei Regen auf Wanderschaft gehen. Denn seine glatte Haut muss immer feucht sein, Trockenheit verträgt sie nicht. Wenn es regnet, nutzt er also die günstige Gelegenheit, um sich mit einem anderen Regenwurm zu paaren.

Nachts ziehen Regenwürmer Blätter, Gräser und abgestorbene Pflanzenteile in ihre Erdröhre. Sie fressen diese aber nicht sofort, sondern lassen sie erst eine Weile liegen, bis sie zersetzt sind.

Wenn der Maulwurf einen Regenwurm gefangen hat, beißt er ihm das Kopfende ab und lähmt ihn dadurch. Danach schleppt er den Regenwurm in sein Vorratslager. Später, wenn er Hunger hat, frisst er ihn.

Wie wird ein winziger Kern zu einer riesigen Sonnenblume?

Dieses Wunder der Natur könnt ihr selbst miterleben. Allerdings braucht ihr etwas Geduld, denn bis eine Sonnenblume »ausgewachsen« ist, dauert es etwa fünf Monate. Die beste Zeit für dieses Experiment ist der Monat März.

Ihr braucht dafür:
- 1 Schüssel
- 5 Sonnenblumenkerne
- 1 Schaufel
- Blumenerde
- 1 großen Blumentopf
- Plastikfolie

2. Schaufelt etwas Erde in den Blumentopf, verteilt die Kerne darauf und bedeckt sie mit Erde. Sie sollen etwa 3 cm unter der Oberfläche liegen. Nun wird die Erde gegossen und mit Plastikfolie abgedeckt. Stecht vorsichtig ein paar Löcher in die Folie. Jetzt passiert erst einmal gar nichts, außer dass ihr regelmäßig gießen müsst.

3. Nach etwa zwei Wochen ist es so weit: Im Samen beginnt eine junge Pflanze zu treiben, der Keimling. In den nächsten Tagen wächst er immer weiter. Sein Stängel wird dicker und bekommt winzige Härchen. Auch die Blätter verändern sich: Sie sind nicht mehr rund, sondern schon spitz und leicht gezackt.

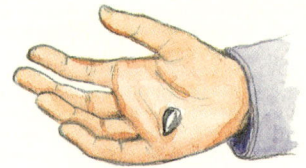

1. Füllt die Schüssel mit Wasser und legt die Sonnenblumenkerne für zwei bis drei Stunden hinein. Dadurch quellen sie auf und keimen schneller.

4. Als Nächstes bildet sich die Knospe, die sich langsam öffnet. Die langen gelben Zungenblüten am Rand gehen auseinander und in der Mitte wird der tellergroße Blütenkorb mit den vielen kleinen braunen Röhrenblüten sichtbar. Im Blütenkorb wird der Blütenstaub gebildet, der Insekten anlockt.

5. Nach der Befruchtung durch die Insekten reifen die Kerne der Sonnenblume. Sie werden so schwer, dass die Blume ihren Kopf hängen lässt. Die ganze Pflanze trocknet aus. Jetzt könnt ihr die Kerne ernten.

Ursprünglich kommt die Sonnenblume aus Nordamerika: Die Indianer verwendeten ihre fettreichen Samen als Nahrung. Als vor rund 500 Jahren Amerika entdeckt wurde, brachten die Spanier die Sonnenblume nach Europa.

Was bedeuten die Punkte beim Marienkäfer?

Bestimmt habt ihr schon mal im Garten einen Marienkäfer auf eure Hand krabbeln lassen und seine Punkte gezählt. Oft hört man, dass die Zahl seiner Punkte anzeigt, wie alt der Käfer ist. Wir wollten wissen, ob das wirklich stimmt.

Also haben wir alle Marienkäfer, die wir im Laufe eines Tages im Garten entdeckten, untersucht: 8 Käfer hatten 7 Punkte, 1 Käfer 10 Punkte, 3 Käfer nur 2 Punkte. Das kam uns komisch vor: Konnte es so viele 7-jährige Marienkäfer geben? Und so wenige, die jünger waren? Wir machen uns auf die Suche nach frisch geschlüpften Marienkäfern und beobachten, wie sie sich entwickeln.

Die beste Zeit dafür ist das Frühjahr. In dieser Zeit legt das Weibchen seine Eier ab, oft in Klumpen. Dafür sucht es sich Pflanzen aus, die von Blattläusen befallen sind. Und tatsächlich: An einem Rosenzweig entdecken wir mehrere Eiklumpen **1.**.

Wir beobachten sie Tag für Tag. Zwischen dem 5. und dem 8. Tag passiert es: Aus jedem Ei schlüpft eine graue Larve mit gelben Flecken **2.**. In den nächsten Wochen frisst die Larve jede Menge Blattläuse und wird immer größer. Kein Wunder, dass ihre Haut bald zu eng wird und sie sich häuten muss. Sie ändert auch ihr Muster, wird blau-grau mit wenig Gelb darin **3.**.

Nach drei Häutungen verpuppt sich die Larve **4.**. Dafür hängt sie sich an den Zweig der Rose. Dort sitzt sie mehrere Tage, bis sie sich in eine Puppe verwandelt. Zuerst ist sie gelb, dann wird sie orange und bekommt schließlich schwärzliche Flecken **5.**.

Nach vier bis acht Wochen ist es so weit: Der fertige Käfer schlüpft aus der Puppe. Er ist noch ziemlich hell **6.**. Erst nach ein paar Stunden bekommt er seine rote Farbe und die Punkte **7.**. Gespannt zählen wir sie: Der junge Käfer hat sieben Punkte!

Die Zahl der Punkte hat also nichts mit dem Alter zu tun, sondern mit der Marienkäferart. Es gibt Marienkäfer mit 2, 4, 5, 7, 10, 11, 13, 14, 16, 17, 18, 19, 22 und 24 Punkten! Der Siebenpunkt-Marienkäfer ist bei uns am häufigsten, deshalb war er auch im Garten in der Überzahl.

1.

2.

3.

4.

5.

6.

7.

13

Was hat die Pfefferminze mit dem Pfeffer zu tun?

Der Pfeffer ist eine 3–4 m hohe Kletterpflanze, die in Asien an Bäumen oder Stangen wächst. Bei uns gedeiht Pfeffer nur im Gewächshaus.

Unkomplizierter ist die Pfefferminze: Sie wächst bei uns sogar wild auf feuchten Böden, Wiesen, Ufern und Mooren.

Auf den ersten Blick gar nichts. Doch wer schon einmal frische Pfefferminze aus dem Garten zerkaut hat, der weiß: Ihre Blätter schmecken ähnlich scharf wie Pfeffer. Vermutlich verdankt die Pfefferminze also dem scharfen Pfeffer ihren Namen.

Und noch etwas haben die beiden gemeinsam: Man verwendet beide in der Küche. Bestimmt habt ihr schon mal Pfefferminztee getrunken, und vielleicht tut ihr euch Pfeffer auf eure Spaghetti, damit sie ein bisschen scharf schmecken. Doch das sind auch schon alle Gemeinsamkeiten zwischen Pfefferminze und Pfeffer, denn es sind zwei völlig verschiedene Pflanzen.

Pfefferminze wächst bei uns als kleiner Busch oder Staude, entweder wild oder sie wird im Beet angebaut. Pfeffer ist eine hohe Kletterpflanze, die sehr empfindlich gegen Kälte ist. Temperaturen unter 5 Grad Celsius überlebt sie nicht.

Für euren Garten oder Balkon eignet sich die Pfefferminze daher besser als der exotische Pfeffer. Pfefferminze braucht humusreiche Erde und einen sonnigen bis halbschattigen Standort. Ab Mitte Mai sät man die Samen im Abstand von etwa 30 cm aus. Sie dürfen nicht mit Erde abgedeckt werden, da sie Licht zum Keimen brauchen. Nach 10 – 21 Tagen zeigen sich kleine Keimlinge, die rasch wachsen. Geerntet wird, sobald sich die Knospen der Blüten bilden. Meist zupft man nur die Blätter ab und lässt die Blüten stehen.

Schon vor Tausenden von Jahren war die Pfefferminze beliebt: Die Ägypter legten sie ihren Königen, den Pharaonen, ins Pyramidengrab – als schützendes Kraut für das Leben nach dem Tod.

Aus den Blättern könnt ihr leckere Limonade machen. Dafür gebt ihr 4 Stängel frische Minze in 1 Liter Apfelsaft und stellt alles für etwa 1 Stunde in den Kühlschrank. Dann mit einem halben Liter Mineralwasser auffüllen und mit einem Spritzer frischer Zitrone abschmecken. Schmeckt besonders gut an heißen Sommertagen!

Pfefferminze lässt sich auch gut auf dem Balkon anbauen. Sie blüht von Juni bis Juli. In dieser Zeit könnt ihr die Blätter abzupfen.

Wer lebt in den Baumkronen?

Wenn ihr aufmerksam die Baum-kronen im Garten beobachtet, werdet ihr dort viele Tiere entde-cken: Amseln, Meisen und andere Singvögel, Insekten wie Schmetterlinge und Bienen, Eichhörnchen und manchmal sogar eine wagemutige Katze.

Viele Tiere in den Baumkronen sind aber auch so klein, so flink oder so gut versteckt, dass ihr sie auf den ersten Blick gar nicht sehen könnt. Umso spannender ist es, sich auf die Suche nach diesen Mini-Tieren zu begeben. Gemeint sind die häufigsten Bewohner der Baumkro-nen: die Käfer, Larven, Wespen, Wanzen, Schmetterlinge und andere Insekten.

Bäume sind überaus wichtig für diese Klein-tiere: Viele von ihnen legen ihre Eier unter Blättern ab, die ihre Larven später fressen. Andere Insekten, wie der Bockkäfer, ernähren sich als ausgewachsene Tiere von Blättern und Baumrinde. Marienkäfer und Wanzen über-wintern unter der Baumrinde. Manche Nacht-falter sind tagsüber auf der Rinde gut getarnt, weil sie so ähnlich gefärbt sind.

Blaumeise

Buchfink
(Weibchen)

Buchfink
(Männchen)

Amsel
(Männchen)

Die Amseleltern kommen oft gar nicht hinterher, die hungrig aufgerissenen Mäuler ihrer Jungen zu stopfen.

Amsel
(Weibchen)

Birkenspanner

Bei manchen Vogelarten sehen Weibchen und Männchen unterschiedlich aus. Die Männchen ha-ben schillernd bunte Federn, die Weibchen sind schlicht braun und grau. Dadurch werden sie nicht so leicht von Feinden entdeckt – besonders sinn-voll, wenn sie im Nest sitzen und brüten.

Ohrwurm

Trauermantel

Kobel

Kohlmeise

Rotkehlchen

Beim Rotkehlchen und bei
den Meisen sehen Männchen
und Weibchen gleich aus.

Eichhörnchen

Auch beim Eichhörnchen
ist im Frühjahr Paarungs-
zeit. Dann baut das Weib-
chen sein rundliches Nest
aus Ästen und Zweigen.
In diesem Nest, dem
Kobel, bringt es die
Jungen zur Welt.

Nach der Paarung rollt das
Weibchen des Birkenblattrollers
ein Blatt wie eine Tüte ein, wofür
es etwa eine Stunde braucht. In
diese Tüte legt es seine Eier.

Marienkäfer

**Birken-
spanner-
raupe**

Wipfelstachelwanze

Viel auffälliger als die Insekten sind die Vögel. Die
häufigsten Gartenvögel sind Amseln, Meisen, Fin-
ken und Rotkehlchen. Sie zu beobachten, macht
besonders im Frühjahr Spaß, zur Paarungszeit.
Bestimmt habt ihr schon mal ein Vogelnest auf
einem Baum entdeckt. Die Vogeleltern haben es
aus Zweigen, Moos und Blättern gebaut. Sobald
das Weibchen seine Eier darin gelegt hat, brütet
es sie aus. Wenn die Jungen geschlüpft sind, war-
ten sie mit weit aufgerissenen Schnäbeln auf ihre
Eltern, die ihnen Futter bringen.

Auch das Eichhörnchen verbringt die meiste
Zeit in den Baumkronen. Es klettert flink an den
Bäumen hoch und runter und benutzt seinen
Schwanz dabei zum Balancieren. Ziemlich clever!

Trauermantel

Birken sind die Lieblingsbäume vieler
Insekten. Auch Schmetterlingsraupen
lassen sich hier gerne nieder.

Trauermantelraupe

Maikäfer

**Birken-
blattroller**

**Birken-
spanner**

17

Warum sind viele Gartenblumen so schön bunt?

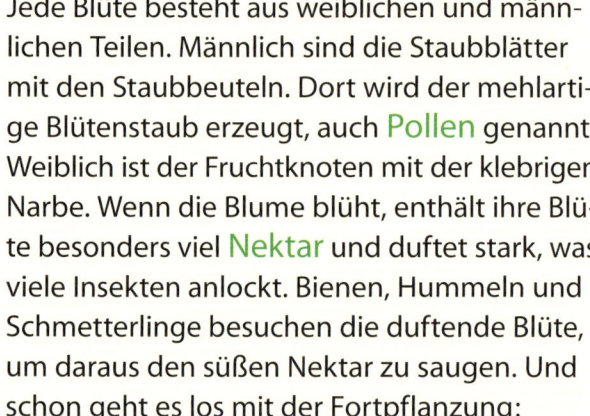

Weil sie das zum Überleben brauchen. Klingt komisch, ist aber wahr. Die schöne leuchtende Blüte soll Bienen, Schmetterlinge und andere Insekten anlocken, die den köstlich süßen Nektar aus der Blüte saugen und sie dabei bestäuben. Wie das funktioniert, wollen wir uns näher ansehen.

Jede Blüte besteht aus weiblichen und männlichen Teilen. Männlich sind die Staubblätter mit den Staubbeuteln. Dort wird der mehlartige Blütenstaub erzeugt, auch Pollen genannt. Weiblich ist der Fruchtknoten mit der klebrigen Narbe. Wenn die Blume blüht, enthält ihre Blüte besonders viel Nektar und duftet stark, was viele Insekten anlockt. Bienen, Hummeln und Schmetterlinge besuchen die duftende Blüte, um daraus den süßen Nektar zu saugen. Und schon geht es los mit der Fortpflanzung:

1. Eine Biene oder ein anderes Insekt krabbelt in die Blüte und saugt mit ihrem Saugrüssel den süßen Nektar heraus. Dabei bleibt etwas Blütenstaub an ihrem haarigen Körper kleben.

2. Mit diesem Blütenstaub am Körper fliegt die Biene zur nächsten Blüte. Dort bleibt an der klebrigen Narbe etwas Blütenstaub hängen. Das nennt man Bestäubung.

Staubblätter

Fruchtknoten

Die größte Zahl der Blütenpflanzen wird von Insekten bestäubt.

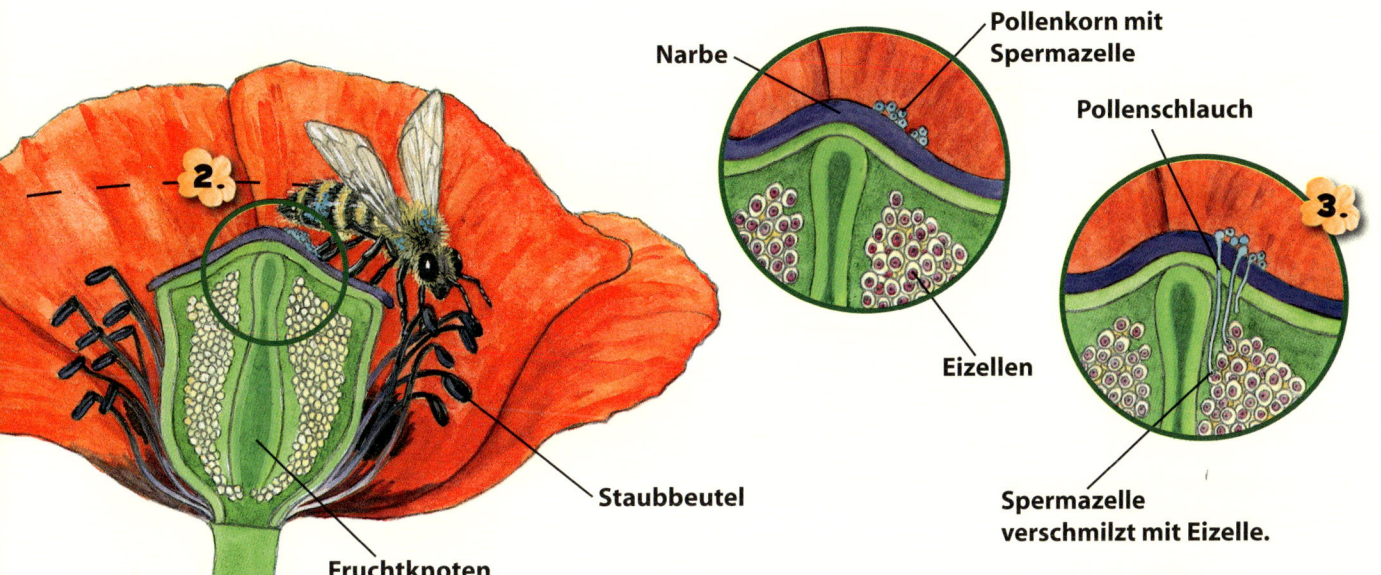

Narbe

Pollenkorn mit Spermazelle

Pollenschlauch

3.

Eizellen

Staubbeutel

Fruchtknoten

Spermazelle verschmilzt mit Eizelle.

3. Wenn die beiden Blüten derselben Art angehören, passiert es: Aus der bestäubten Narbe wächst ein dünner Schlauch in den Fruchtknoten. Dort verschmelzen eine männliche Samenzelle und eine weibliche Eizelle. Das geschieht viele Male.

4. Jetzt ist die Blüte befruchtet. In ihr entstehen viele Samen, kleine Pflanzen-Embryos. Die Blütenblätter welken und der Fruchtknoten entwickelt sich zur Frucht. In ihrem Innern, gut geschützt, liegen die Samen, aus denen später neue Pflanzen wachsen können.

Nicht immer sind Insekten für die Vermehrung von Blumen zuständig: Manchmal befördert auch der Wind den Pollen von einer Blume zur anderen. Diese Blumen haben meistens unauffällige Blüten.

4.

Samen

Wie knackt das Eichhörnchen eine Nuss?

Neulich haben wir es mal versucht: eine Nuss ohne Nussknacker zu öffnen, indem wir sie auf den Tisch legten und ganz fest mit unserer Hand darauf schlugen. Das Ergebnis war: Die Hand tat weh und die Nuss war noch ganz.

Das Eichhörnchen schafft es dagegen meist mühelos, die harte Nussschale ohne Hilfsmittel zu knacken. Dafür hält es die Nuss mit seinen Vorderpfoten fest und nagt mit seinen Zähnen ein Loch hinein. In dieses Loch steckt es seine unteren Schneidezähne und sprengt die Nussschale dann wie mit einem Brecheisen auseinander. Die Schale zerbricht in zwei Teile, der Nusskern fällt heraus.

Nüsse zu knacken, ist aber auch für das Eichhörnchen nicht immer ganz einfach. Junge Eichhörnchen nagen meist lange und planlos an einer Nuss herum, bevor sie an den leckeren Kern kommen. Bis zum Winter haben sie normalerweise die richtige Technik herausgefunden. Und das ist auch gut so, denn in der kalten Jahreszeit, wenn das Eichhörnchen wenig andere Nahrung findet, kann es immer noch Nüsse

fressen. Es legt sich im Sommer und Herbst extra einen Vorrat an.

Dafür vergräbt es die Nüsse, um sie vor Vögeln und anderen Tieren zu verstecken. Die Sache hat nur einen Haken: Das Eichhörnchen hat

Nach und nach lernt das Eichhörnchen, eine Nuss immer schneller zu knacken.

Diese Nussschale wurde von einer Maus angenagt.

Diese Nuss hat ein Vogel aufgehackt.

ein schlechtes Gedächtnis. Im Winter findet es viele Nussverstecke nicht mehr wieder. Die Nüsse bleiben in der Erde und keimen im Frühjahr. Solltet ihr also im Frühjahr den Spross eines Nussbaums im Garten entdecken, könnte er von einem vergesslichen Eichhörnchen stammen.

Aufgeknackte Nüsse im Garten stammen aber nicht immer von Eichhörnchen. Auch Mäuse und manche Vögel knacken Nüsse. Allerdings hinterlassen sie andere Spuren: Mäuse nagen ein kreisrundes Loch in die Schale, während Vögel sie mit ihrem Schnabel aufhacken, was man am gezackten Rand des Loches erkennt.

Im Sommer legt das Eichhörnchen Vorräte für den Winter an: Es sammelt Eicheln, Nüsse, Kastanien, Pilze und versteckt sie unter Erde, Blättern oder Zweigen.

Warum wächst die Tulpe aus einer Zwiebel?

Ganz einfach: Weil ihr die Zwiebel hilft, schneller zu wachsen und früher zu blühen als die meisten anderen Gartenblumen. Das ist für die Tulpe ein großer Vorteil: Sie hat genug Platz im Beet und muss die Nährstoffe in der Erde nicht mit anderen Blumen teilen.

Es gibt sehr viele Tulpenarten. Die bekannteste ist die Gartentulpe.

Anders als die meisten Gartenblumen wird die Tulpe nicht im Frühjahr oder Sommer gepflanzt, sondern schon im Herbst. Dann kommt ihre Zwiebel in die Erde. In der Tulpenzwiebel sind alle Nährstoffe gespeichert, die nötig sind, damit im Frühjahr eine Tulpe daraus wachsen kann.

Eine Tulpenzwiebel ist ähnlich wie eine Küchenzwiebel aufgebaut: Sie besteht aus vielen, übereinanderliegenden Schalen, die durch eine feste äußere Zwiebelhaut geschützt sind. Im Innern der Zwiebel ist die ganze Blume mit Stängel, Blättern und Blüte schon zwergenhaft klein ausgebildet.

Ungefähr Anfang März zeigt sich der Pflanzenspross, das erste Lebenszeichen der Tulpe.

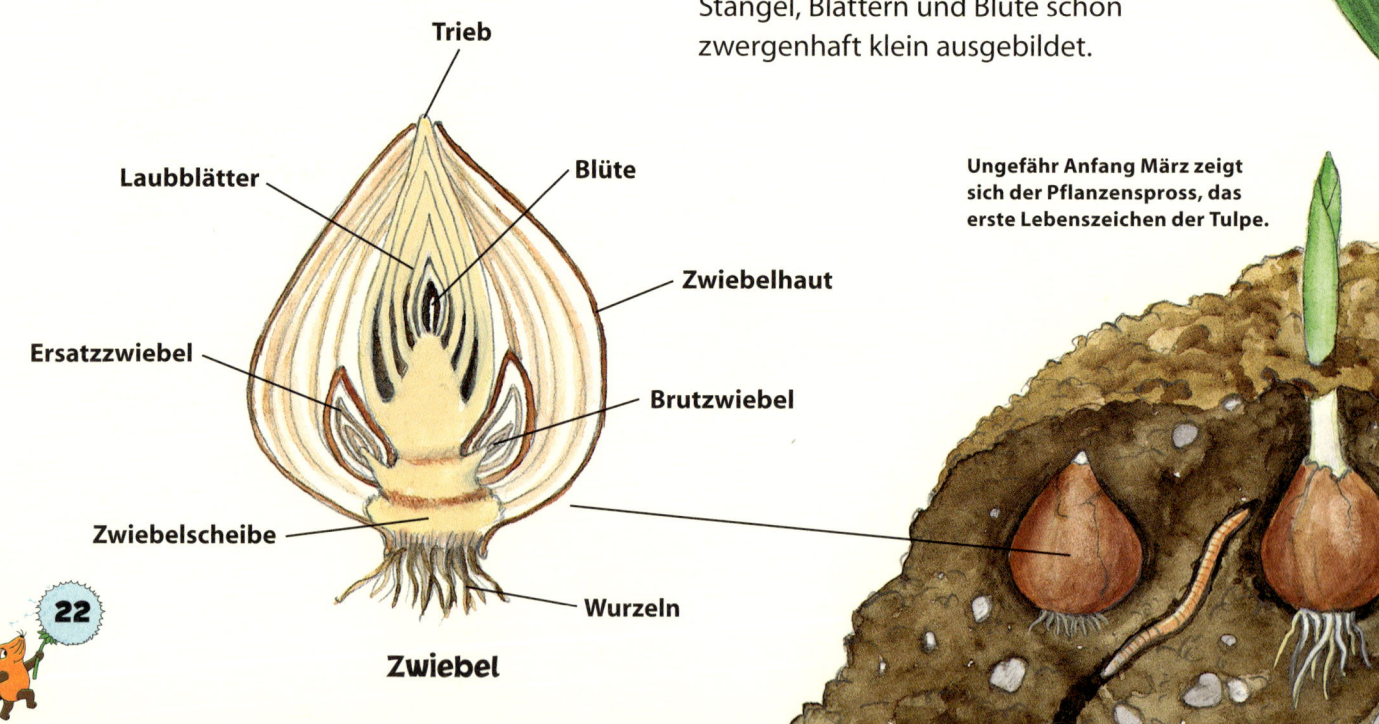

Trieb

Laubblätter

Blüte

Zwiebelhaut

Ersatzzwiebel

Brutzwiebel

Zwiebelscheibe

Wurzeln

Zwiebel

Die ersten Tulpenzwiebeln kamen übrigens schon im 16. Jahrhundert aus der Türkei nach Europa und waren damals etwas ganz Besonderes. Vor allem in Holland wollten immer mehr Menschen diese neue Blume kaufen und waren bereit, jeden Preis dafür zu zahlen. Einmal wurde sogar ein Haus für drei Tulpenzwiebeln verkauft! Doch irgendwann gab es mehr Tulpenzwiebeln, als verkauft werden konnten, und die Händler blieben darauf sitzen.

Krokus

Sobald im Frühjahr der Boden auftaut, treibt ein Spross aus der Tulpenzwiebel. Aus ihm wachsen Stängel und Laubblätter. Auf jedem Stängel sitzt eine kleine Knospe, die noch geschlossen ist. Sie braucht Wärme und Licht, damit sie sich öffnet. Oft passiert das an einem warmen Tag im April. Dann zeigt die Tulpe ihre schönen Blütenblätter.

Weil die Tulpe so früh im Jahr blüht, nennt man sie Frühblüher. Neben der Tulpe gibt es noch eine ganze Reihe anderer Frühblüher, zum Beispiel Krokusse, Märzenbecher oder Schneeglöckchen (siehe S. 4/5). Nicht alle haben eine Zwiebel. Der Krokus wächst aus einer Knolle, das ist eine Art dicker unterirdischer Knubbel. Auch die Knolle enthält alle Nährstoffe, die die zukünftige Pflanze braucht.

Die Knolle ist eine Vorratskammer für den Krokus. Aus ihr bezieht er seine ganze Nahrung.

Knolle

Was macht der Igel im Winter?

Ganz einfach: Er verschläft ihn. Oder habt ihr schon mal bei Schnee und Eis einen Igel im Garten gesehen? Vermutlich nicht. Er würde sich dort auch nicht wohlfühlen. Denn der Igel hat kein warmes Fell, das ihn vor Kälte schützt, und im gefrorenen Boden würde er keine Nahrung finden.

Deshalb hält der Igel in der kalten Jahreszeit Winterschlaf. Dafür sucht er im Garten einen geschützten Ort, zum Beispiel im Kompost, unter dichten Hecken oder in einem Blätterhaufen. In nächtelanger Arbeit polstert er sich dort mit Moos, Ästen und Laub ein dichtes Winternest. Zwischen den Blättern und Ästen erwärmt sich die Luft, ähnlich wie in einem Federbett.

Trotzdem ist so ein Igelbett in einer Umgebung, in der es monatelang eiskalt ist, natürlich nicht sehr warm. Aber das braucht der Igel auch nicht, denn während des Winterschlafs ist auch sein Körper nicht mehr so warm wie im Sommer.

Igelhaus

Ein Igelhaus ist eine gute Hilfe zum Überwintern. Aber auch der Komposthaufen gibt ein prima Winternest ab, wenn ihr ihn ab Herbst nur noch mit Laub und Zweigen »beladet«, aber ansonsten in Ruhe lasst.

Der Igel schaltet auf Sparflamme: Seine Körpertemperatur sinkt, er atmet seltener und sein Herz schlägt weniger oft. Dadurch verbraucht er insgesamt weniger Energie und kommt gut über den Winter.

Außerdem frisst der Igel im Herbst so viel wie möglich auf Vorrat. Im Sommer wiegt er etwa 800 Gramm, am Winteranfang fast doppelt so viel. Unter seinen Stacheln hat sich ein Fettpolster gebildet, das in den Wintermonaten nach und nach aufgebraucht wird.

Der Winterschlaf des Igels dauert etwa von Oktober bis März. Wird er zwischendurch mal wach, dann nur für ein paar Minuten. Danach schläft er sofort wieder weiter. Erst im Frühjahr, wenn es längere Zeit um die 10 °C warm ist, beendet der Igel seinen Winterschlaf. Sein Körper fängt ganz langsam an zu arbeiten: Herzschlag und Atmung werden schneller und die Muskeln beginnen zu zittern. Dieses Aufwachen aus dem Winterschlaf dauert sehr lange: Bis der Igel richtig wach und munter ist, vergehen mehrere Stunden.

Manchmal entdeckt man im Spätherbst einen jungen Igel im Garten. Der kleine Igel braucht Hilfe, um zu überleben: Am besten bringt man ihn zum Tierarzt.

Im Garten gibt es viele Verstecke für einen Igel. Aber Igel sind Einzelgänger und teilen ihr Revier nicht mit anderen Igeln.

Wer flattert nachts durch unsere Gärten?

Sieht anstrengend aus, ist es für die Fledermaus aber gar nicht: Beim Schlafen hängt sie mit dem Kopf nach unten.

Vielleicht habt ihr das auch schon einmal erlebt: Ihr sitzt bei Dämmerung im Garten, schaut einfach in den Himmel und träumt vor euch hin. Plötzlich – was war das? Eine schnelle Bewegung, die ihr nur im Augenwinkel wahrgenommen habt. Da war etwas an euch vorbeigeschwirrt!

Was könnte dermaßen schnell durch die Luft sausen – vielleicht eine Fledermaus? Gut möglich, denn die Fledermaus schläft tagsüber und geht nachts auf Insektenjagd. Nur, wie macht sie das in der Dunkelheit?

Lange dachte man, die Fledermaus hätte wie die Eule ausgezeichnete Augen, mit denen sie sich im Dunkeln orientiert. Um das zu überprüfen, haben Forscher Fledermäusen die Augen zugebunden und sie bei Dunkelheit fliegen lassen. Das Ergebnis war eindeutig: Die Tiere bewegten sich genauso sicher wie zuvor. Also muss ihre Orientierung anders funktionieren.

Die Forscher fanden heraus, dass Fledermäuse beim Fliegen immer wieder sehr hohe Schreie ausstoßen. Diese Töne sind so hoch, dass wir Menschen sie nicht hören können. Auf dem Bild rechts könnt ihr sie als Schallwellen sehen. Schall besteht aus Luftschwingungen. Die Höhe der Töne, die wir hören, hängt von

Wenn ihr Fledermäuse in den Garten locken wollt, könnt ihr einen solchen Fledermauskasten aufhängen.

26

Die Fledermaus stößt hohe Töne aus, deren Schwingungen auf den Nachtfalter treffen, von ihm abprallen und als Echo zur Fledermaus zurückgelangen. Sie erkennt ein Insekt und stürzt sich darauf.

der Anzahl der Schwingungen in der Sekunde ab. Töne mit wenigen Schwingungen sind tief, hohe Töne wie die der Fledermaus haben viele Schwingungen. Wenn diese Schwingungen auf Bäume, Hausmauern oder andere Tiere treffen, kommen sie als Echo zur Fledermaus zurück. Sie fängt das Echo mit ihren Ohren auf und hört genau, wie groß ein Hindernis ist und wo es sich befindet.

Auch bei der Nahrungssuche stößt die Fledermaus ihre Schreie aus. Wenn sie über das Echo ein Insekt in der Luft wahrnimmt, stürzt sie sich darauf und verschlingt es. Die bei uns lebenden Fledermäuse fressen kleine Insekten wie Mücken, Fliegen, Nachtfalter und Käfer und auch Spinnen. Sie gehen nachts auf die Jagd, weil andere Insektenjäger dann schlafen und sie freie Bahn haben.

Heißt die Stachelbeere so, weil sie beim Anfassen pikst?

Stachelbeere

Johannisbeere

Die Antwort ist ein klares »Nein«. Denn die Stachelbeere hat gar keine Stacheln, sondern eine empfindliche, dünne Schale, auf der bei manchen Sorten kleine Härchen wachsen. Stachelig ist dagegen ihr Strauch. An seinen Trieben sitzen kleine, spitze Haken, und die sind es, die beim Anfassen piksen.

Doch die leckere Stachelbeere mit ihrem süßsäuerlichen Geschmack ist es wert, dass man sich beim Ernten ein paar Kratzer holt. Sie schmeckt roh vom Strauch sehr gut, man kann daraus aber auch köstliche Marmelade kochen oder sie als Kuchenbelag verwenden. Es gibt rote, grüne und gelbe Sorten, am süßesten ist die gelbe Stachelbeere.

Weil die Stachelbeere eine so empfindliche Haut hat, kann sie sogar einen Sonnenbrand bekommen. Wenn sie direktem Sonnenlicht ausgesetzt ist und es sehr heiß ist, verfärbt sich ihre Schale. Sie wird zuerst matt, dann rötlich. Deshalb sollte man den Strauch an einem schattigen Platz pflanzen oder ihn mit einem Netz vor der Sonne schützen.

Die spitzen Dornen am Stachelbeerstrauch halten Vögel und Raupen davon ab, sich über die Beeren herzumachen.

Brombeere

Himbeere

Erdbeere

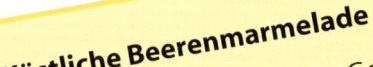

Köstliche Beerenmarmelade

Zutaten: 1 kg Beeren, 500 g Gelierzucker (2:1), 1 Vanilleschote

1. Beeren und Zucker in einen großen Topf geben und gut vermischen. Vanilleschote mit einem kleinen Messer vorsichtig aufschneiden und das Mark herauskratzen. Mark und Schote in den Topf geben.

2. Die Beeren unter ständigem Rühren aufkochen lassen und dann genau 3 Minuten (Uhr einstellen) sprudelnd kochen.

3. Die Vanilleschote mit einer Gabel herausholen. Den Topf vom Herd nehmen und die Marmelade in die Gläser füllen. Vorsicht, das muss ein Erwachsener machen!

4. Die Gläser fest verschließen und für 10 Minuten auf den Kopf stellen. Danach auskühlen lassen.

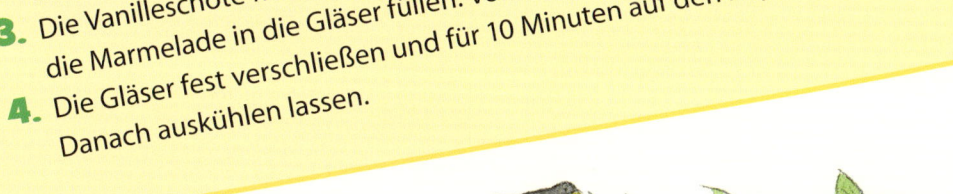

Im Garten wachsen noch andere Beeren. Besonders beliebt sind weiße, rote oder schwarze Johannisbeeren, Brombeeren, Himbeeren und Erdbeeren.

Wie baut man eine Nisttasche?

hr habt Amseln und andere Vögel im Garten, aber sie nisten nicht? Das wird sich hoffentlich ändern, wenn ihr unsere Nisttasche aufhängt. Lasst euch von einem Erwachsenen helfen, dann ist es gar nicht schwer, diese Nisthilfe selber zu bauen.

Vögel brüten ihre Eier in Nestern, Nischen oder Höhlen aus und ziehen dort ihre Jungen groß. Außerdem suchen sie diese Orte als sicheren Schlafplatz auf. Manche Vögel bauen sich ihren Nistplatz selbst, manche übernehmen die verlassenen Höhlen anderer Vögel.

Warum sollten die Gartenvögel nicht auch eine von euch gebaute Nisttasche als Unterschlupf annehmen? Probiert es doch einmal aus!

Ein Amselweibchen füttert ihre Jungen.

Für die Nisttasche aus Birkenruten braucht ihr mehrere ca. 1 m lange, frisch geschnittene Birkenruten. Ihr bekommt sie in der Gärtnerei oder im Blumengeschäft.

1. Als Erstes bindet ihr die möglichst gleich langen Birkenruten zu einem Büschel zusammen.

2. Die nicht zusammengebundenen Spitzen befestigt ihr in etwa 1,70 m Höhe an einem Baum. Das zusammengebundene Ende des Büschels zeigt dabei nach unten.

3. Ihr biegt es nach oben und befestigt es ebenfalls mit einem Stück Draht am Baum. Dadurch entsteht am Baum eine Tasche.

4. Nun bindet oder steckt ihr Fichtenzweige rundum an der Tasche fest, damit das Nest auch gut geschützt ist. Nur eine Seite bleibt offen.

Damit die Vögel genügend Zeit haben, sich an ihr neues Heim zu gewöhnen, hängt ihr die Nisttasche am besten bereits im Winter auf, spätestens Anfang Februar. Vor allem Nischenbrüter wie der Zaunkönig werden die Nisttasche gerne annehmen, aber auch Amseln und Rotkehlchen legen dort manchmal ihre Eier ab.

Wie lockt man Schmetterlinge in den Garten?

Beim **Zitronenfalter** ist nur das Männchen leuchtend zitronengelb, das Weibchen ist grün-weißlich.

Bestimmt freut ihr euch, wenn ihr in eurem Garten bunte Schmetterlinge um die Blumen flattern seht. Leider gibt es die hübschen Schmetterlinge immer seltener. Dabei ist es gar nicht so schwer, die kleinen Tiere in den Garten zu locken.

Ihr müsst nur dafür sorgen, dass sich die Schmetterlinge in eurem Garten wohlfühlen und dort genügend Futter finden. Am liebsten fressen sie süßen Nektar, den sie mit ihrem Rüssel aus Blüten heraussaugen. Besonders gut schmeckt vielen Schmetterlingen der Nektar des Sommerflieders, zum Beispiel dem Admiral und dem Kleinen Fuchs. Diese beiden Schmetterlingsarten sind bei uns recht häufig.

Brennnessel

Kleiner Fuchs (Raupe)

Admiral (Puppe)

Der **Admiral** ist ein sogenannter Wanderfalter. Im Herbst fliegt er in wärmere Gegenden, um dort zu überwintern. Im Frühjahr fliegt er dann wieder zu uns zurück.

Tagpfauenauge (Raupe)

Admiral (Eier)

Zitronenfalter (Raupe)

Kohlweißling (Raupe)

Admiral (Raupe)

Kapuzinerkresse

Das gilt auch für das Tagpfauenauge, dessen Lieblingsnektar in den hellen Blüten von Weidenkätzchen und Seidelbast versteckt ist. Der Kohlweißling dagegen bevorzugt den Nektar der Kapuzinerkresse. Ein anderer häufiger Schmetterling, der schöne gelbe Zitronenfalter, ist bei der Futtersuche nicht so wählerisch und fliegt verschiedene Blüten an. Das muss er auch, weil er schon früh im Jahr unterwegs ist, wenn im Garten noch nicht so viel blüht.

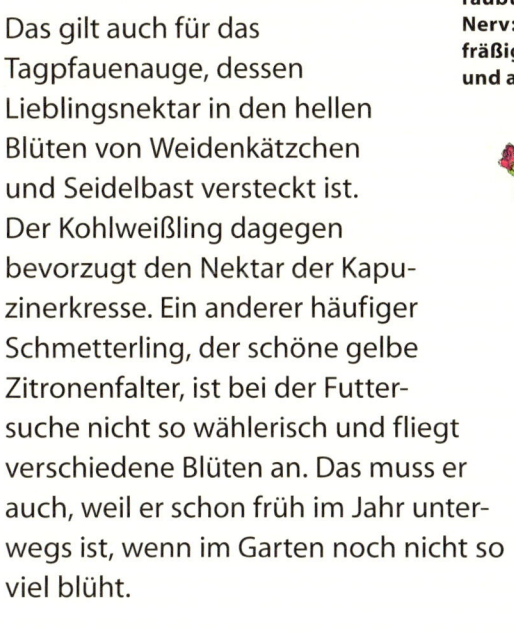

Kohlweißling: Dieser Schmetterling raubt so manchem Gärtner den letzten Nerv: Seine Raupe ist nämlich sehr gefräßig und macht sich über Kohlrabi und anderes Gemüse her.

Zitronenfalter

Admiral

Der **Kleine Fuchs** liebt einen »ungepflegten« Garten, in dem Brennnesseln wachsen dürfen. Manchmal sieht man den Schmetterling, wie er sich auf einem Blatt sonnt.

Bei Gefahr klappt das **Tagpfauenauge** seine Flügel ruckartig auseinander und zeigt dem Feind seine großen »Augen«.

Doch unser Schmetterlingsgarten soll nicht nur möglichst vielen verschiedenen Schmetterlingen Nahrung bieten, auch an ihren Nachwuchs sollte man denken: Alle Schmetterlinge beginnen ihr Leben als Ei, aus dem dann eine gefräßige Raupe schlüpft. Und die Raupen ernähren sich meist ganz anders als die Schmetterlinge. Bei vielen stehen Brennnesselblätter auf dem Speiseplan. Also Brennnesseln nicht einfach wegmähen, sondern den Schmetterlingsraupen zuliebe ein paar stehen lassen.

Der Sommerflieder ist so beliebt bei Schmetterlingen, dass man ihm sogar den Beinamen »Schmetterlingsstrauch« gegeben hat.

Eichhörnchen

Hummel

Maulwurf

Eichelhäher

2

Ohrwurm

3

Kleiner Fuchs

4

Schnake

Nacktschnecke

in vielen Gärten als »Unkraut« gelten, lassen sie stehen. Sie benutzen keinen Rasenmäher oder Laubsauger, der Kleintiere verschluckt und andere Tiere verscheucht. Im Herbst bleibt das abgefallene Laub unter Bäumen und auf Beeten liegen, weil das dem Igel und anderen Kleintieren beim Überwintern hilft.

In einem Naturgarten fühlen sich die Tiere fast wie in der Natur, etwa auf einer Wiese oder im Wald. Denn hier finden sich nur einheimische Pflanzen, die so wachsen dürfen, wie sie wollen. Die Gärtner greifen so wenig wie möglich ein. Pflanzen wie Löwenzahn oder Giersch, die

Amsel

**Schnirkel-
schnecke**

**Spitz-
maus**

Marienkäfer

Kreuzspinne

Wespe

Zauneidechse

Welche Tiere leben im Garten?

Das hängt ganz davon ab, wie ein Garten angelegt ist und was im Garten alles passiert: ob dort hauptsächlich Gemüse angepflanzt wird oder gespielt wird oder ob der Garten vor allem schön aussehen soll.

Ein **Spielgarten** ist super für Kinder, doch auch manche Gartentiere fühlen sich hier wohl.

Bauerngarten

In einem Bauerngarten baut man möglichst viele verschiedene Kräuter, Gemüse- und Obstsorten an. Trotzdem wird auch an die Tiere gedacht, zum Beispiel mit einem Nistkasten, einem Fledermauskasten oder einem Insektenhotel. So nennt man eine Nist- und Überwinterungshilfe für Insekten. Insekten, Vögel und vielleicht sogar Fledermäuse fühlen sich in diesem Garten wohl, außerdem Eichhörnchen und Igel.

Spielgarten

Ein toller Garten für Kinder muss viel aushalten – Bälle, die irgendwo hinfliegen und ein Trampolin oder einen Sandkasten auf dem Rasen. Kieswege zum Dreiradfahren werden benötigt und jede Menge Platz zum Spielen.

Der scheue Igel wird diesen Garten eher meiden, andere Gartentiere wie Vögel, Schmetterlinge, Käfer und Schnecken lassen sich nicht stören.

Typisch für den **Bauerngarten** ist seine rechteckige Form mit einem Wegekreuz in der Mitte.

Wie kommen die Würmer in den Apfel?

Das ist euch sicher schon passiert: Ihr hebt im Garten einen Apfel vom Boden, wollt gerade hineinbeißen – und dann, igitt, was ist das? Ein hässlicher brauner Fleck. Da war wohl ein Wurm am Werk!

Zweimal im Jahr legt das Apfelwicklerweibchen jeweils 20–80 Eier ab.

Doch ihr werdet staunen: In Wirklichkeit ist der Wurm gar kein Wurm, sondern die Raupe eines Schmetterlings. Wenn ihr einen Apfelbaum im Garten habt, könnt ihr euch selbst davon überzeugen, indem ihr ihn von Frühjahr bis Herbst beobachtet. Im April und Mai trägt der Apfelbaum Blüten, aus denen sich bald kleine grüne Äpfelchen entwickeln.

Apfelblüte

1. Im Mai oder Juni schwirren kleine, bräunlich-grau gefärbte Schmetterlinge um die Äpfelchen herum. Der Apfelwickler, wie dieser Schmetterling heißt, legt seine 1 mm großen, runden Eier einzeln auf den jungen Äpfeln ab.

40

Kleiber

Specht

Rotkehlchen

Zaunkönig

Biene

Wühlmaus

Singdrossel

Tagpfauenauge

Teichfrosch

Im Naturgarten gibt es oft eine Hecke, in der viele Vögel Rückzugs- und Nistplätze finden. Auch Kletterpflanzen an Hauswänden sind ideale Rückzugsorte für Vögel, etwa die Amsel oder den Sperling. Statt eines Rasens gehört in den Naturgarten eine Wiese, deren Blumen zahlreichen Insekten Nahrung bieten. Und ein Teich, auch wenn er nur klein ist, wird von Fröschen, Molchen und Libellen als Lebensraum gerne angenommen.

Heimische Pflanzen im Naturgarten:

1 Brennnessel
2 Haselstrauch
3 Sonnenhut
4 Stockrosen
5 Sommerflieder
6 Giersch
7 Ringelblume
8 Rittersporn
9 Buchs
10 Sumpfdotterblume
11 Rohrkolben

Blaumeise

Mosaikjungfer (Libelle)

Teichmolch

Steingarten

So nennt man einen Garten mit zahlreichen Steinen und Kies sowie Pflanzen, die sonst im Gebirge wachsen. Weil dieser Garten an eine Berglandschaft erinnern soll, wird er häufig an einem kleinen Hügel angelegt. Im Steingarten leben vor allem Eidechsen, Bergmolche und Insekten.

Formengarten

Typisch für diese Gartengestaltung sind gleichförmig gestaltete Flächen, in denen einige wenige zurechtgestutzte Sträucher wachsen. Eine Blumenwiese gibt es hier nicht, aber vielleicht einen perfekt gemähten Rasen. Eine solche Umgebung schreckt die meisten Tiere ab. Sie finden wenig Nahrung und keine Rückzugsmöglichkeiten.

Eidechsen sonnen sich gerne auf warmen Steinen. Im Steingarten leben aber auch Tausendfüßer, Spinnen und Hummeln und manchmal sogar Bergmolche.

Wenn Tiere sich einen Garten aussuchen könnten, würden sie sich bestimmt für einen Naturgarten entscheiden – warum, das seht ihr, wenn ihr diese Seite aufklappt.

2. Nach etwa zwei Wochen schlüpft aus jedem Ei eine Raupe. Sie bohrt sich in einen Apfel hinein, um Fruchtfleisch und Kerne zu fressen. Das macht sie über mehrere Wochen, bis sie schön dick ist.

3. Etwa im Juli kriecht die Raupe aus dem Apfel heraus. Die Speicheldrüsen in ihrem Mund scheiden jetzt eine Flüssigkeit aus, die an der Luft hart wird und einen seidigen Faden bildet. An diesem Faden seilt sich die Raupe ab.

4. In einer Baumritze spinnt sie sich in dem Faden ein, bis sie rundum von einem Kokon umgeben ist. Man sagt auch, sie verpuppt sich.

5. Im Spätsommer schlüpft aus der Puppe ein bräunlicher Schmetterling, der fertige Apfelwickler. Es dauert nicht lange und er legt seine Eier auf die reifen Äpfel. Und schon geht es los: Die Eier entwickeln sich zu Raupen, die sich verpuppen. Weil es aber jetzt schon Herbst ist, überwintern sie unter der Rinde oder im Boden. Im nächsten Frühjahr schlüpfen daraus fertige Schmetterlinge, die auf kleine grüne Äpfel fliegen …

5.

Wie baue ich ein
Mini-Gewächshaus?

Wer in seinem Garten auch in der kalten Jahreszeit Gemüse, Kräuter und Obst anbauen will, stellt ein Gewächshaus auf. Darin ist es immer etwas wärmer als draußen, sodass die Pflanzen besser gedeihen.

Doch keine Sorge, ihr müsst nicht gleich eure Eltern überreden, ein teures Gewächshaus zu kaufen, nur weil ihr gerne Kresse anpflanzen oder aus Samen junge Pflänzchen ziehen wollt, um sie später umzutopfen. Das geht auch mit einem Mini-Gewächshaus, das ihr leicht selbst bauen könnt.

Ihr braucht dafür:
- 1 Milchkarton
- 4 Musterklammern
- Schere, besser noch Lochzange
- Frischhaltefolie

1. Die Milchpackung längs aufschneiden. Aus der Oberseite 2 Streifen herausschneiden.

2. Mit Schere oder Lochzange 2 Löcher in jede Seite und jeden Streifen stechen. Die Streifen mit den Musterklammern am Unterteil befestigen, sodass zwei Bögen entstehen. Ein paar Löcher in den Boden piksen.

3. Einen großen Streifen Frischhaltefolie mit Löchern versehen und über das Mini-Gewächshaus legen.

Wie funktioniert eigentlich so ein Gewächshaus? Um das zu erklären, müssen wir ein
wenig ausholen. Wichtig beim Gewächshaus
ist, dass Wände und Decken aus Glas oder
durchsichtigem Kunststoff sind. Das Sonnenlicht, das vor allem aus Licht aus kurzen Wellen
besteht, geht durch Glas und Kunststoff ganz
leicht hindurch. Die Sonnenstrahlen gelangen
also bestens ins Gewächshaus hinein und
erwärmen dort Wände, Boden und Pflanzen.
Diese geben auch wieder Wellen ab, allerdings
sind es nun lange Wellen. Die langen Wellen
wärmen auch, aber sie können Glas nicht
durchdringen. Deshalb staut sich im Inneren
des Gewächshauses die Wärme,
und die Pflanzen
wachsen auch dann,
wenn sie im Freien
erfrieren würden.

Glas

Kurze Wellen

**Lange
Wellen**

**Sonnenlicht mit kurzen
Wellen gelangt durch das
Glas auf Boden, Wände
und Pflanzen. Diese wer-
fen lange Wellen zurück,
die Glas nicht durchdrin-
gen können. Die Wärme
bleibt im Gewächshaus
und staut sich dort.**

**Gewächshäuser für den Garten
gibt es in allen Größen und vielen
Formen. Statt Glas wird auch
bruchsicherer Kunststoff oder
durchsichtige Folie verwendet.**

Warum mögen Gärtner keine Schnecken?

Manche Tiere möchte der Gärtner am liebsten sofort loswerden, wenn er sie in seinem Garten entdeckt. Denn sie fressen sein junges Obst und Gemüse auf oder fügen seinen Pflanzen Schaden zu. Deshalb heißen diese Tiere Schädlinge.

Ein besonders gefürchteter Schädling ist die Nacktschnecke. Sie ist vor allem bei Dunkelheit unterwegs und ein echter Allesfresser:

Auf ihrer Speisekarte stehen Blätter junger Gemüsepflanzen, reife Kohlrabi, Zucchini, Gurken und Pilze, aber auch Erdbeeren, Äpfel und Birnen. Wie kann man das Obst und Gemüse nur vor diesen Vielfraßen retten?

Das ist gar nicht so schwer: Einfach die Natur zu Hilfe nehmen und dafür sorgen, dass sich Amseln, Igel, Frösche und Eidechsen im Garten wohlfühlen. Denn das sind die natürlichen Feinde der Nacktschnecken.

Nachts werden sie munter, die Wühlmäuse und Nacktschnecken. Dann machen sie sich über Pflanzen, Obst und Gemüse her.

Für den Gärtner sind Nacktschnecken Schädlinge, weil sie
junge Pflanzen fressen. Den-
noch spielen sie im Kreislauf
der Natur eine wichtige Rolle,
weil sie sich auch von toten
Tieren und abgestorbenen
Pflanzenteilen ernähren.

Blattläuse schädigen die befallenen Pflanzen gleich
doppelt: Sie saugen ihren Saft heraus und übertragen
oft Krankheiten. Ein Glück, dass Marienkäfer so gerne
Blattläuse fressen.

Auch Wühlmäuse können im Garten Schaden
anrichten. Sie knabbern an Wurzeln von Gemüsepflanzen und Obstbäumen, an Blumen-
zwiebeln und fressen auch Kartoffeln, Kohl,
Kräuter und Möhren. Ihre absoluten Lieblings-
speisen sind Rosen und Clematis, eine Kletterpflanze. Der beste Schutz vor Wühlmäusen ist
eine wachsame Katze. Auch Duftpflanzen wie
Knoblauch, Steinklee oder Kaiserkronen ver-
treiben die lästigen Nager.

Schädlinge gibt es auch unter den Insekten.
Besonders häufig sind die grünen, grauen

oder schwarzen Blattläuse, die meist auf den
Unterseiten von Blättern sitzen. Die winzigen
Blattläuse saugen mit ihrem Rüssel den Pflanzensaft aus den Blättern. Die Folge: Die Blätter
werden nach und nach braun und sterben ab.
Das wirksamste Mittel gegen Blattläuse sind
Marienkäfer. Vor allem ihre Raupen fressen
große Mengen an Läusen. Deshalb werden sie
als Nützlinge bezeichnet.

Woher hat der Löwenzahn seinen Namen?

Auf der Suche nach der Antwort stellten wir fest, dass die gelbe Wiesenblume noch viele andere Namen hat: Pusteblume, Butterblume, Kuhblume, Kettenblume, Ringelblume, Hundeblume, Teufelsblume, Pfaffenplatte und sogar Pissblume.

Doch die meisten Menschen nennen sie Löwenzahn. Und für diesen Namen haben wir gleich zwei Erklärungen gefunden.

I. Die Pflanze heißt so, weil ihre gezackten Blätter an die Zähne eines Löwen erinnern.

2. So wie der Löwe mit den Reißzähnen seine Beute auseinanderreißt, so kann der Löwenzahn mit seiner starken Wurzel sogar den Straßenbelag aufreißen. Die Wurzel des Löwenzahns reicht bis in zwei Meter Tiefe und hat viel Kraft. Vielleicht habt ihr schon einmal gesehen, wie mitten auf dem Fußgängerweg eine Löwenzahnpflanze aus dem Asphalt wächst?

Löwenzahn wächst natürlich nicht nur auf der Straße, sondern viel häufiger auf Wiesen, an Wegrändern, in Parks und Gärten – also eigentlich so gut wie überall. Schon im März reckt er seine gezackten Blätter aus dem Erdreich. Aus ihrer Mitte wächst ein runder hohler Stängel, der einen weißen Saft enthält.

Die Pfahlwurzel, wie die Hauptwurzel des Löwenzahns heißt, entwickelt ungeahnte Kräfte.

Schon bald sprießt auf diesem Stängel eine leuchtend gelbe Blüte. Sie besteht aus etwa 200 kleinen Einzelblüten, die wie eine einzige große Blüte aussehen. Das ist typisch für Korbblütler, zu denen der Löwenzahn gehört. Nach kurzer Zeit entwickelt sich die gelbe Blüte zu einer weißlichen Pusteblume mit vielen kleinen Haaren. Sie ähneln kleinen Fallschirmen, an deren Enden je ein winziges Körnchen hängt: der Samen für einen neuen Löwenzahn.

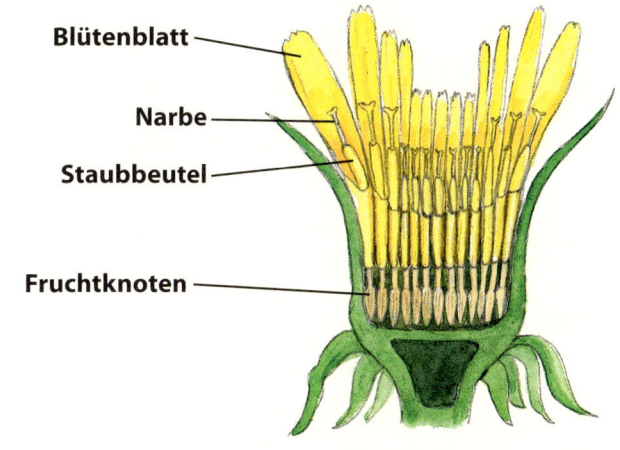

Blütenblatt
Narbe
Staubbeutel
Fruchtknoten

Die gelbe Löwenzahnblüte ist bei Bienen und Schmetterlingen als Nahrung sehr beliebt. Doch auch für Menschen ist die Blume nützlich: Die jungen Blätter schmecken als Salat und aus den Blüten lässt sich Gelee kochen.

Nach kurzer Zeit entwickeln sich die Blüten des Löwenzahns zu den sogenannten Pusteblumen, die ihr über die Wiesen blasen könnt. An jedem der kleinen Schirme hängt ein Samen für eine neue Löwenzahnpflanze.

Lust auf eine erfrischende Limonade?
Begießt eine Handvoll Löwenzahnblüten mit dem Saft von 2 Zitronen und lasst alles zwei Tage stehen. Dann 1 Esslöffel Zucker zufügen, 2 Flaschen Mineralwasser dazugießen, umrühren und fertig ist die Limo!

Was wächst alles im Gemüsegarten?

Das kommt ganz auf euren Geschmack an. Meist pflanzt man die Gemüsesorten an, die man selbst besonders gerne isst. Natürlich spielt auch eine Rolle, wie viel Platz ihr habt – aber man kann sogar auf einem Balkon einen kleinen Gemüsegarten einrichten.

Fragt mal eure Eltern: Vielleicht dürft ihr im Garten ein eigenes Gemüsebeet anlegen und versorgen? Auf alle Fälle solltet ihr dafür einen sonnigen Standort auswählen. Eine weitere Voraussetzung ist ein gesunder Boden.

Diese Gemüsesorten eignen sich besonders gut für euren Gemüsegarten: Radieschen **1** sät ihr im Frühjahr, Sommer und Herbst aus. Nach vier bis sechs Wochen könnt ihr sie ernten. Besonders zart sind Frühkarotten **2**, die ihr Ende März aussät. Dann braucht ihr aber Geduld, denn sie werden erst nach drei bis vier Monaten geerntet.

Der Gemüsegarten im Mai

Frische Erbsen **3** aus eigener Ernte schmecken viel besser als die aus der Dose. Ausgesät werden sie von Mitte März bis Mitte April. Bei Kartoffeln **4** habt ihr die Wahl zwischen zahlreichen Sorten. In jedem Fall brauchen sie viel Sonne. Den süßen Zuckermais **5** sät ihr Ende Mai oder Anfang Juni aus. Bis zur Ernte dauert es 90 bis 100 Tage. Geerntet wird, wenn die Kolbenfädchen dunkel geworden sind.

6 Zwiebeln
7 Kopfsalat
8 Tomaten
9 Bohnen

Pflanzschaufel

Gartenschere

Was passiert im Komposthaufen?

In vielen Gärten gibt es, meist versteckt in einer Ecke, einen Komposthaufen. Weil er aus Gemüse-, Obst- und anderen Abfällen besteht, sieht er nicht gerade schön aus. Doch so ein Komposthaufen ist eine faszinierende Welt, in der unzählige Bakterien, Pilze und Kleintiere leben. Sie alle sorgen dafür, dass nach und nach aus den Abfällen gute Erde wird.

Wenn ihr im Garten einen Komposthaufen habt, dann beobachtet ihn doch einmal über

mehrere Monate. Vielleicht traut ihr euch auch und fasst mal hinein. Ihr werdet feststellen, dass es sich dort recht warm anfühlt.

Das hängt damit zusammen, dass im Inneren des Komposthaufens eine Menge passiert: Ihr könnt euch das wie in einem Klassenzimmer vorstellen, in dem dreißig Kinder herumtoben und keiner ein Fenster öffnet. Dabei wird es ziemlich warm. Genauso ist es im Komposthaufen.

Forscher haben herausgefunden, dass im Laufe der Zeit unterschiedliche kleinste und kleine Tiere im Kompost tätig sind. Die meisten von ihnen sind so winzig, dass ihr sie nur mit einer sehr starken Lupe erkennen könntet. Und jede Tierart hat ihre spezielle Aufgabe. Bestimmte Bakterien und Pilze zerlegen Obst-

Alle Tiere sind hier doppelt so groß wie in Wirklichkeit abgebildet. Weil das für manche Mini-Tiere immer noch nicht ausreicht, damit ihr sie gut erkennen könnt, sind die Tiere unter der Lupe 10-fach vergrößert.

Hornmilbe

Samtmilbe

Springschwanz

Kugelspringer

Schnurfüßer

Saftkugler

Ihr werdet staunen, was alles im Kompost unterwegs ist! Mit einer Lupe könnt ihr Milben, Käfer, Asseln und andere Kleintiere erkennen.

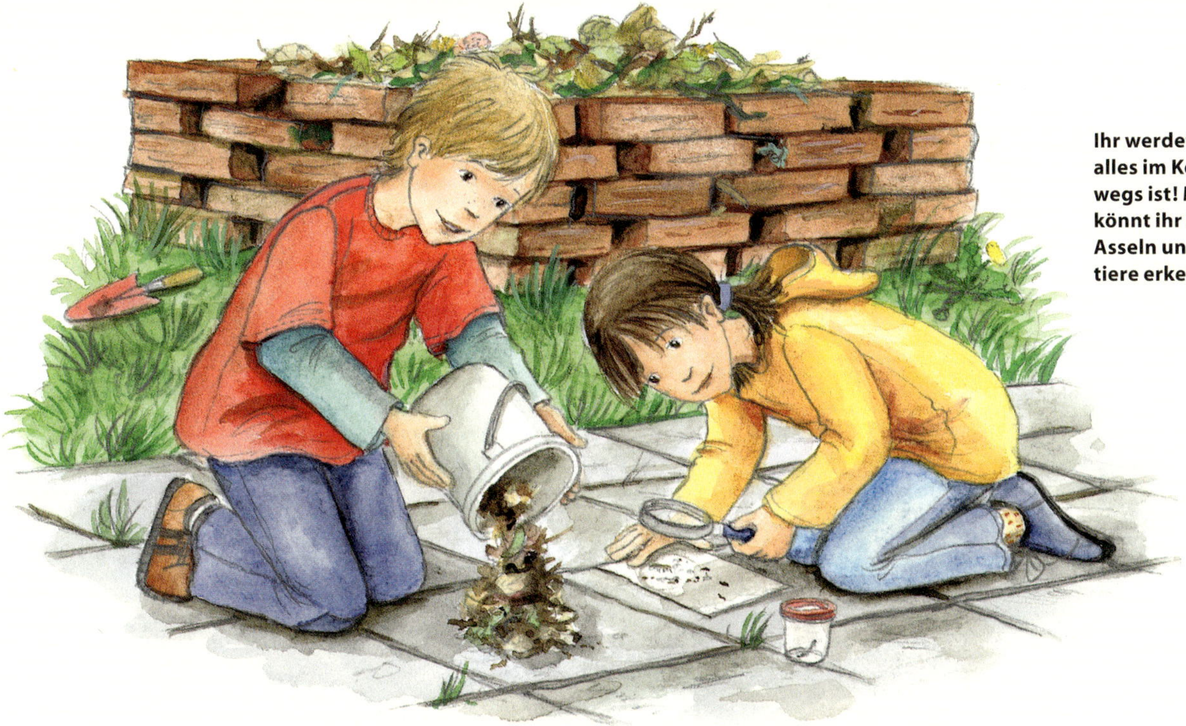

und Gemüsereste. Andere Pilze nehmen Stängel, Blüten und Blätter auseinander, wieder andere bauen Äste und Zweige ab. Nur wenn alle ihren Beitrag leisten, wird aus den Abfällen irgendwann Gartenerde.

Eine ganze Zeit lang werden die Bestandteile des Komposthaufens immer weiter auseinandergenommen, man sagt dazu, sie verrotten.

Nach einigen Monaten ändert sich das. Größere Kleintiere – Milben, Käfer, Larven, Asseln und Würmer – bauen neue Stoffe auf, die man Humus nennt. Wenn alles geschafft ist, ist aus den Abfällen gute Gartenerde geworden. Wie lange das dauert, hängt von der Größe und vom Standort des Komposthaufens ab. Ein paar Monate Geduld muss man aber sicher haben.

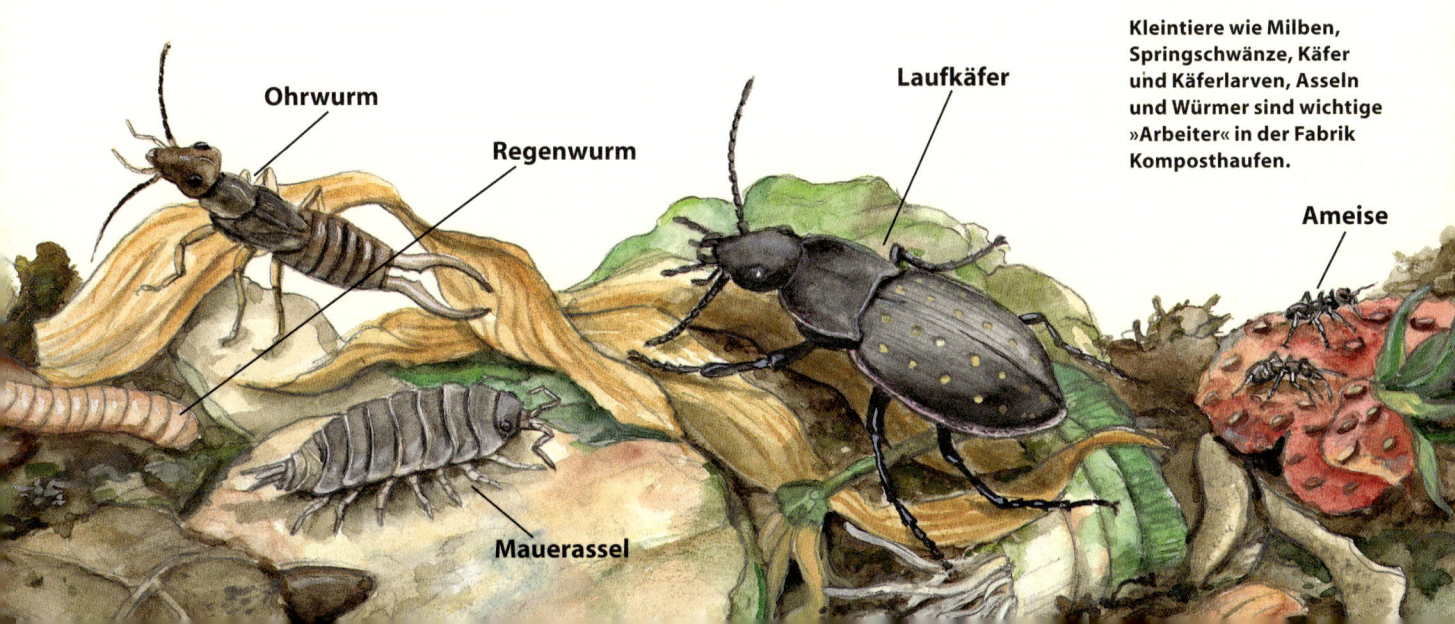

Ohrwurm
Regenwurm
Laufkäfer
Ameise
Mauerassel

Kleintiere wie Milben, Springschwänze, Käfer und Käferlarven, Asseln und Würmer sind wichtige »Arbeiter« in der Fabrik Komposthaufen.

Was essen eigentlich Pflanzen?

Es klingt erstaunlich, aber die Pflanzen stellen ihre Nahrung selbst her. Alles, was sie dafür brauchen, sind Sonnenlicht, Wasser und Luft. Wie das funktioniert, schauen wir uns mal im Einzelnen an.

Das Wasser und die darin enthaltenen Mineralstoffe nehmen die Pflanzen über ihre Wurzeln auf. Über feine Kanäle wird es nach oben transportiert, bis in die Blätter. Doch Wasser allein reicht nicht aus, damit Pflanzen wachsen und blühen können. Um ihre Nahrung herzustellen, brauchen sie auch Licht und Luft. Wie wichtig Licht ist, könnt ihr leicht ausprobieren, indem ihr eine Pflanze in einen dunklen Raum stellt: Schon nach kurzer Zeit werden ihre Blätter schrumpelig, verlieren ihre grüne Farbe und werden braun. Also lieber wieder raus ans Licht damit.

Warum ist das so? In den grünen Blättern der Pflanzen befindet sich ein Farbstoff, das Blattgrün oder Chlorophyll. Sobald Sonnenlicht auf die Blätter trifft, setzt in den Blättern ein komplizierter chemischer Vorgang ein, die Fotosynthese. Das Chlorophyll verbindet das unsichtbare Gas Kohlendioxid, das in der Luft enthalten ist, mit dem Wasser und stellt daraus Traubenzucker her. Der Traubenzuckersaft fließt durch haarfeine Röhren in alle Teile der Pflanze und ernährt sie.

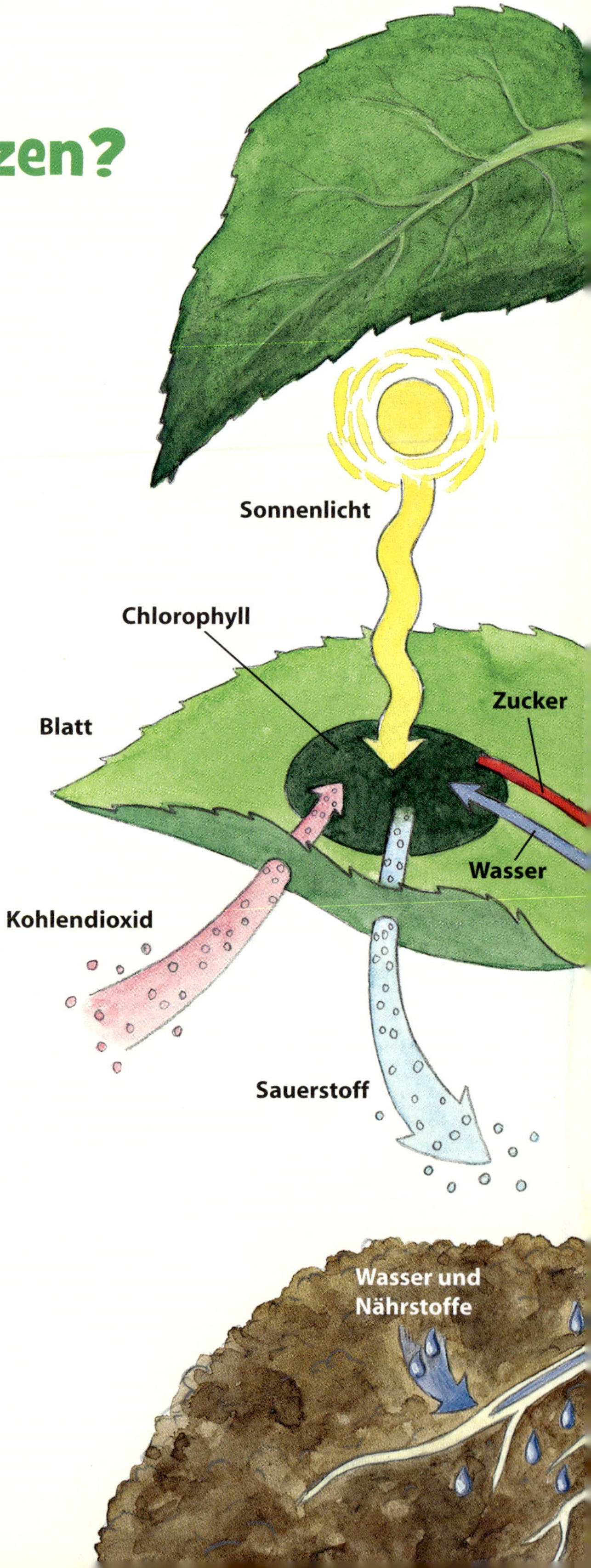

Sonnenlicht

Chlorophyll

Zucker

Blatt

Wasser

Kohlendioxid

Sauerstoff

Wasser und Nährstoffe

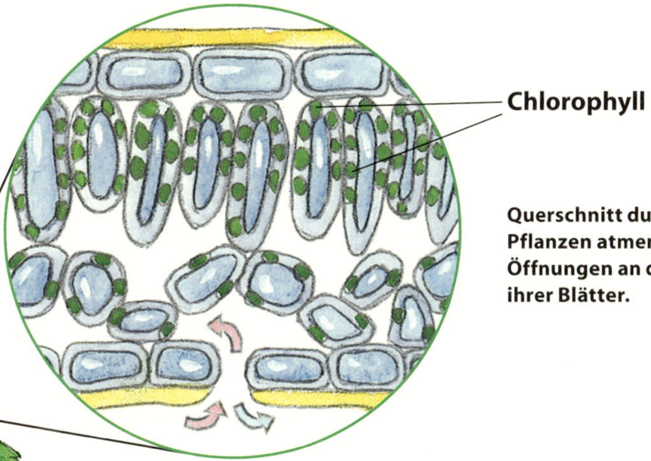

Chlorophyll

Querschnitt durch ein Batt:
Pflanzen atmen über winzige
Öffnungen an der Unterseite
ihrer Blätter.

Wenn die Pflanze Traubenzucker herstellt,
entsteht dabei auch das Gas Sauerstoff. Den
Sauerstoff benötigt die Pflanze nicht, sondern
gibt ihn an die Luft ab. Und das ist gut so für
Tiere und Menschen, denn wir brauchen ihn
zum Atmen und Leben. Deshalb ist die Fotosynthese Grundlage für alles Leben auf der
Erde. Hättet ihr gedacht, dass Pflanzen so
lebenswichtig für uns sind?

**Pflanzen brauchen
viel Wasser. Es steigt
aus den Wurzeln bis
in die Blätter und
Blüten.**

**Wie Blumen und
andere Pflanzen be-
treiben auch Bäume
Fotosynthese. Weil
sie so groß sind,
stellen sie besonders
viel Sauerstoff her
und sind daher für
uns Menschen sehr
wichtig.**

Mauslexikon

Art: In der Biologie werden alle Tiere und Pflanzen nach einem bestimmten System eingeteilt: Ganz am Ende dieses Systems steht die Art. Ein Beispiel: Das Eichhörnchen gehört zum Stamm der Wirbeltiere, zur Ordnung der Nagetiere, zur Familie der Hörnchen. Unter den Hörnchen ist eine Art das Eichhörnchen. Alle Tiere einer Art können sich untereinander vermehren.

Blattlaus: Kleines Insekt, das den Pflanzen ihren Pflanzensaft aussaugt. Im Garten sind die Blattläuse nicht gerne gesehen, sie gelten als Schädlinge.

Chlorophyll: Farbstoff, der in den grünen Blättern von Pflanzen enthalten ist, auch Blattgrün genannt.

Einjährig: Einjährige Pflanzen blühen nur einen Sommer lang und sterben ab, sobald sie Samen gebildet haben.

Energie: Sobald sich ein Lebewesen bewegt, braucht es Energie: Igel und Katze, um zu laufen, Amsel und Fledermaus, um zu fliegen. Energie kann auch in Form von Wärme auftreten: z.B. beim Schneeglöckchen, das ohne Energie nicht im Schnee überleben könnte.

Fotosynthese: Chemischer Vorgang, bei dem grüne Pflanzen aus Sonnenlicht, Wasser und → Kohlendioxid Traubenzucker und → Sauerstoff herstellen.

Grabegabel: Mischung aus Gabel und Spaten mit drei oder vier Zinken. Man benutzt sie, um den Boden aufzulockern.

Humus: Besonders dunkle, krümelige, sehr fruchtbare Erde, die im Komposthaufen aus Abfällen entsteht.

Keimling: So nennt man die erste Entwicklungsstufe beim Wachstum einer Pflanze, wenn aus dem Samen eine winzige Pflanze wächst.

Knospe: Vorstufe einer Blüte oder eines Blattes, wenn diese noch geschlossen sind.

Kobel: Nest eines Eichhörnchens oder einer Haselmaus. Die Tiere bauen ihren Kobel aus Zweigen und polstern ihn innen mit Gras, Moos und Federn aus.

Kohlendioxid: Farbloses Gas, das in unserer Luft enthalten ist. Bei der → Fotosynthese wird Kohlendioxid mithilfe des Sonnenlichts in seine Bestandteile Kohlenstoff und → Sauerstoff zerlegt. Das ist der erste Arbeitsschritt, wenn die Pflanze Traubenzucker herstellt.

Kokon: Gehäuse, das die → Larven verschiedener Insekten herstellen, um sich darin zu verpuppen. Alle Schmetterlingsraupen tun das. Sie verwenden dazu ihren Speichel, der an der Luft erstarrt und zu einem guten Spinnfaden wird.

Korbblütler: Korbblütler sehen so aus, wie man Blumen oft malt: In der Mitte ist ein Kreis, der Blütenstand; darum herum wachsen viele Blütenblätter. Die bei uns häufigsten Korbblütler sind der Löwenzahn, das Gänseblümchen und die Sonnenblume.

Larve: Zwischenform in der Entwicklung vom Ei zum ausgewachsenen Tier, die es bei Insekten und Lurchen gibt. Die Larven von Froschlurchen heißen Kaulquappen. Die Larven von Fliegen heißen Maden, die von Schmetterlingen Raupen. Larven sehen völlig anders aus als das ausgewachsene Tier.

Mehrjährig: So nennt man Pflanzen, die älter als zwei Jahre werden, aber nur einmal blühen und Samen bilden. Danach sterben sie ab.

Nektar: Süße Flüssigkeit, die im Inneren einer Blüte erzeugt wird und Schmetterlingen und anderen Insekten als Nahrung dient.

Nützling: Tier, meist Insekt, das für den Menschen nützlich ist, weil es andere Insekten, die wir als Schädlinge ansehen, frisst. Ein Beispiel ist der Marienkäfer, der sich oft von Blattläusen ernährt.

Pflanzschaufel: Schaufel, die man vor allem zum Einpflanzen benutzt.

Pollen: Auch Blütenstaub genannt. Mehlartige Masse, die in den Staubblättern einer Pflanze hergestellt wird. Der Pollen besteht aus winzigen Pollenkörnern, die durch Wind oder Insekten auf eine andere Pflanze übertragen werden. So wird sie befruchtet und kann sich vermehren.

Puppe: Bei Insekten die vorletzte Stufe in der Entwicklung vom Ei zum ausgewachsenen Tier. Die Puppe befindet sich in einer von der → Larve hergestellten Hülle, dem → Kokon. Dort verhält sie sich ganz still und frisst auch nicht mehr.

Raupe: → Larve eines Schmetterlings.

Sauerstoff: Sauerstoff ist ein unsichtbares Gas in unserer Luft, das für Menschen und Tiere lebensnotwendig ist. Ihr kennt vielleicht die Sauerstoffflaschen, die man beim Tauchen verwendet, um unter Wasser zu atmen.

Säugetiere: Tiere, deren Junge nicht in einem Ei, sondern im Bauch der Mutter heranwachsen und lebend auf die Welt kommen. Nach der Geburt werden sie mit Muttermilch gesäugt. Im Garten lebende Säugetiere sind zum Beispiel Igel, Maus und Maulwurf.

Schädling: Tiere, meist Insekten, die Nutzpflanzen wie Salat oder Gemüse anfressen oder ansaugen, bezeichnen wir als Schädlinge. Die Pflanzen können nicht mehr so gut wachsen oder gehen sogar ein. Beispiele für Schädlinge im Garten sind Schnecken oder Milben.

Schallwellen: Alle Geräusche, Töne und Klänge bestehen aus Luftschwingungen, die sich wie Wellen in der Luft ausbreiten: Das sind die Schallwellen. Die unsichtbaren Schallwellen gelangen in unser Ohr, treffen dort aufs Trommelfell und versetzen es auch in Schwingung. Dadurch können wir Töne hören.

Speicheldrüsen: Körperteile, in denen Speichel (»Spucke«) erzeugt wird. Sehr viele Tiere haben Speicheldrüsen.

Spross: Trieb einer Pflanze, der aus Stängel und Blättern besteht und meist über dem Boden wächst.

Unkrautstecher: Mit diesem nützlichen Gerät sticht man in die Erde und zieht das Unkraut mit der Wurzel heraus.

Winterschlaf: Manche Tiere verschlafen die kalte Jahreszeit. Im Garten sind das zum Beispiel Igel, Fledermaus und Haselmaus. Zwischendurch wachen die Tiere immer wieder mal kurz auf, schlafen aber gleich wieder weiter, ohne zu fressen. Während des Winterschlafs sinkt die Körpertemperatur; Herzschlag und Atmung werden langsamer. Der Körper schaltet sozusagen einen Gang herunter.

Zweijährig: So nennt man Pflanzen, die zwei Jahre alt werden, aber nur einmal blühen und Samen bilden. Danach sterben sie ab.

Register

FRAG doch mal...

Die große Sachbuchreihe mit der Maus!

Frag doch mal ... die Maus!
Ritter und Burgen
ISBN 978-3-570-13145-9

Frag doch mal ... die Maus!
Unser Wald
ISBN 978-3-570-13146-6

Frag doch mal ... die Maus!
Autos
ISBN 978-3-570-13147-3

Frag doch mal ... die Maus!
Zeitreise
ISBN 978-3-570-13148-0

Frag doch mal ... die Maus!
Dinosaurier
ISBN 978-3-570-13149-7

Frag doch mal ... die Maus!
Flugzeuge
ISBN 978-3-570-13150-3

Frag doch mal ... die Maus!
Meere und Ozeane
ISBN 978-3-570-13151-0

Frag doch mal ... die Maus!
Mein Körper
ISBN 978-3-570-13152-7

Frag doch mal ... die Maus!
Pferde
ISBN 978-3-570-13153-4

Frag doch mal ... die Maus!
Fußball
ISBN 978-3-570-13404-7

Frag doch mal ... die Maus!
Weltall
ISBN 978-3-570-13155-8

Frag doch mal ... die Maus!
Indianer
ISBN 978-3-570-13402-3

Frag doch mal ... die Maus!
Wale und Delfine
ISBN 978-3-570-13156-5

Frag doch mal ... die Maus!
Wetter und Klima
ISBN 978-3-570-13401-6

Frag doch mal ... die Maus!
Piraten
ISBN 978-3-570-13683-6

Frag doch mal ... die Maus!
Tiere aus aller Welt
ISBN 978-3-570-13634-8

Frag doch mal ... die Maus!
Weltreligionen
ISBN 978-3-570-13622-5

Frag doch mal ... die Maus!
Unsere Erde
ISBN 978-3-570-13400-9

Frag doch mal ... die Maus!
Berühmte Entdecker
ISBN 978-3-570-13633-1

Frag doch mal ... die Maus!
Ägypten
ISBN 978-3-570-13164-0

Frag doch mal ... die Maus!
Im Zoo
ISBN 978-3-570-13163-3

Frag doch mal ... die Maus!
Vulkane und Erdbeben
ISBN 978-3-570-13844-1

Frag doch mal ... die Maus!
Wikinger
ISBN 978-3-570-13843-4

Frag doch mal ... die Maus!
Unser Garten
ISBN 978-3-570-13842-7

8004/24

www.cbj-verlag.de/diemaus